AF596137

LABREGE DE

LA VIE ET MIRACLE FAIT à l'Abbaye de Long-champ : sur le Tombeau de la bien heureuse Isabel de France, fille du Roy Louys VIII. & sœur du bon Roy S Louys.

Imprimez à Longchamp, auec Priuilege & Approbation.

LABREGE' DE LA VIE & miracles fait à l'Abbayée de L'ongchamp: sur le Tombeau de la bien heureuse Isabel de France, fille du Roy Louys VIII. & sœur du bon Roy S. Louys.

S'IL estoit ainsi que par vne prerogatiue extraordinaire l'espine Royalle de Babilone, germoit des le propre iour qu'on la fichoit en terre, nous aurions icy bien plus de plaisir & de contentement de voir non pas vne espine, mais vne fleur de Lys, vne enfantelette, saincte Izabel à peine sortie de la mamelle, à peine sevrée de sa Nourice, à peine sa languette deliurée ny la parole assez articulée pour exprimer ces petites conceptions, neantmoins espanit desia ces fueilles de l'amour de Dieu & donna vn sinal de toutes les vertus Chreftienne, qui auroient produit de sa part des fruicts emerueillable, & à mesure qu'elle se estoit creuë en aage.

Estoit-il question de luy faire quelque present agreable ce n'estoit pas de luy donner des poupée, ny de tous ces menus ioyaux, auquel les enfans ont de coustume d'appliquer leurs cœurs & leurs affections s'estoit de luy offrir des images de nostre Seigneur ou de la Vierge Marie alors on la voyoit mettre à genoux, les baiser & rebaiser, les receuoit auec grande reuerence.

Elle aprist la langue Latine, outre l'vsage des filles, & passoit son temps à lire la Bible & les sainctes Escritures, elle aprit a trauailler en soye, en fil d'or & d'argent, & à faire toute sorte d'ouurages à l'esguille, aussi à faire des lassis & reseaux ramassez, elle en faisoit des Estolle & Corporaliez, & d'autres ornemens qu'elle enuoyoit en plusieurs Eglises.

Elle fut de son bas aage d'vne merueilleuse abstinence & sobrietez ; car Dame Louise de Beausemont sa Gouuernante auroit plusieurs dit fois à la Royne Blanche sa Mere, l'auoir veu si peu manger qu'il ny auoit personne qui en peut estre substanté à suffisance, sans la grace de Dieu. Quand elle vouloit voir le bon Roy sainct Louys son frere, & qui la venoit visiter elle s'auançoit quelque pas & ce prosternoit à genoux deuant luy, pratiquant cette forme d'adoration ciuille, donc vsa la sage Abigail vers le Roy Dauid, & l'agreable Hester deuant Assuerus, & bien que son frere la tançoit de cela, & la releuant par la main, si ne laissoit elle pas tousiours de vaincre la courtoisie du bon Roy par ces humbles submissions.

Elle fit entendre au Roy sainct Louys son frere, sans l'aduis duquel elle ne faisoit rien, qu'elle auoit choisi le lieu de Longchamp pour y fonder son Abbayee: mais il ne fut rien si aisé qu'à l'obtenir du bon Roy sainct Louys, tant pour son zele coustumier à la structure des Eglises, que pour ce que la deuotion de sa sœur luy estoit agreable, donc il luy assigna iour auquel auec grande pompe & grande magnificence il iroit auec la Royne Marguerite sa femme, de Louys Monseigneur leur fils, aymé de nostre saincte Isabel, & d'vne suitte infinie de Princes & Princesses, Seigneurs & Dames, il y fit planter vne Croix par l'Euesque de Paris, tout à l'instant le Roy sainct Louys y assit la premiere pierre, la Royne la seconde, leur fils aisné la troisiesme, & nostre saincte par humilite la quatriesme, lors au dessus du lieu on vid voller trois Colombe blanche, des plus belles & rayonnante qui se soit iamais veuë.

Vien à notter que cette Abbayee fut fondée du nombre de soixante Religieuse sans qu'il peut estre augmenté sinon par la permission du Pape selon qu'il fut depuis ordonné & confirmé par Bulle expresse du Pape Clement quatriesme, en datte du douziesme des Calandes de May, l'an quatriesme de son Pontificat, reuenant à l'an 1269. Les noms des premieres Sœurs qui y furent introduite sont,

Sœur Lore la Nouice,
Sœur Gille de Rheims,
Sœur Marchant de Guiencourt,
Sœur Agnes de Crepy,
Sœur Aubourg de Pas,
Sœur Estiennette de Rheims.
Sœur Mathée,
Sœur Biatrix Sarpe,
Sœur Magdelaine Sarpe,

Sœur Lore de Rouan,
Sœur Agnes de Haurueil,
Sœur Ieanne de Harecourt Laisnee,
Sœur Erambourg de Melun.
Sœur Marie de Maillant.
Sœur Ode de Rheims,
Sœur Agnes Dauery,
Sœur Desirée,
Sœur Ermesent de Paris,
Sœur Agnes de Harecourt,
Sœur Machaut de Gordaruille & autres, dont le Catalogue seroit trop long.

Nous laisons vn peu reposer ces nouuelles sœurs en leur nouuelle maison, & tandy qu'elle s'emploient à recognoistre leur Eglise, leur Cloistre & leur Dortoir, en apprendre les estres, nous chercherons le subiect, des trois Coulombes, ce n'estoient point ces trois Anges qui apparurent à Abraham dans le val de Mambré, tant y a que la Royne Marguerite dit à nostre Isabel que c'estoit les trois persõnes de la saincte Trinité, qui assistoient au commencement de ceste œuure & promettoit d'en donner bonne isüe.

Il faut sçauoit que depuis l'an 1260. que Longchãp, fut fondé, & que nostre saincte

Isabel y fit sa retraite iusques au 23. de Feurier 1269. qu'elle s'en volla au Ciel, elle fut tousiours malade à cause de ces grandes ieusnes, veilles, abstinences & oraisons & masserations de sa chair, & plusieurs autres austeritez, elle estoit si maigre par le corps que les os luy persoient la peau, toute fois elle auoit le visage beau & serain & ce qui est admirable cet que cette mesme beautez luy seroit demeurée apres sa mort, elle fut nee en l'annee, 1216. & mourut l'an 1269. & a vescu 53. ans & est morte dix huict mois auparauant son frere, le Roy sainct Louys qui trespasa deuant la ville de Thune.

Tout soudain les triste nouuelles de cette mort, furent mandee au Roy Sainct Louis son frere qui en fut grandement affligé, le Roy sur cette nouuelle s'en vint promptement en l'Abbayee de Long-champ, & le bruict de cette mort, espandu par toute la France, causa beaucoup de tristesses aux Princes & Princesses, & à tout le peuple, chacun y a courut auec grand regret, les l'armes aux yeux, le Roy Sainct Louys estant arriué comme il voit le corps de sa Sœur qui estoit porté dans l'Eglise, reuestu de l'habit de Sainct François, il en eut quelque

que consolation & neantmoins i'estoit vne abondance de l'arme, se mit à genoux & les mains ioinčte, pria pour son repos, apres beaucoup de ceremonie & son seruice fait, elle fut premierement enterrée dans le Cloistre, puis à la neufuaine ensuiuant elle fut mise dans le Chœur, par l'ordonnance du Roy sainčt Louys, les Religieuses du lieu la retirerent, & luy osterēt sa robbe, auec l'oreiller qui estoit souz sa teste, pour les remettre l'a où il sont encore pour le present és Reliques de ladite Abbayee.

A ces choses furent presentes Mes Dames de France, & autres illustres Princesses qui estoient dans l'enclos du costé des Religieuses, ensemble Madame Marguerite Comtesse de Flandre, sa fille, Madame Dandenarde & autres.

Quelques mois apres fut erigé son Tombeau, & placé au Chœur, de telle façon que la closture d'iceluy Chœur posée dessus en separe la moictié, ou se void l'Effigie de la sainčte, apres le naturel, son corps vestu de l'habit de Sainčt François, & par dessus sa chape Royalle semée de fleurs de Lys, autour de son tombeau il y a cette d'escription à la mode du temps passé,

Cette Dame Isabel mere de ces saincts lieux,
A reluit quand viuoit, comme vne astre des Cieux
Car plus elle estoit grande & haute de lignage
Tant plus s'abaissoit elle en tout temps de son aage,
Parloit peu & à point, & d'exacte rigueur
Masseroit sa chair tendre & sa forte vigueur,
Amies deuotes Sœurs ayez d'elle memoire
Puis que laissant la Cour & du monde la gloire
Elle vous a plantez comme nouuelle fleurs,
Dans ce sacré verger de l'ordre des Mineurs.

Cy dessouz gist le Corps de Madame Isabel de France, & à l'endroit de sa sepulture au haut de la muraille est escrit, (*In pace factus est locus eius*) & plus bas à costé sont les portraicts de Monsieur sainct Louys & madame saincte Isabel sa soeur, lesquels fonderent l'Abbayée de ceans, l'an de grace mil deux cens soixante, en l'honneur de Dieu & de la glorieuse Vierge Marie, souuente fois à la minuict on a veu des flammes voltiger & esclatter autour de son

Tombeau, quelques fois en ſortir de l'huille, l'an mil quatre cens ſoixante & vn. La tres-illuſtre Comteſſe Deſtampes mere de François Duc de Bretaigne ayant amené à Longchamp Madame Magdelaine ſa fille pour luy faire veſtir & prendre l'habit de Religieuſe, & pour la grande deuotion qu'elle auoit à ſaincte Iſabel, luy ayant eſté octroyé, que la tombe luy ſeroit ouuerte en ſa preſence.

Alors il y auoit à ladite Abbayee vne Religieuſe de bonne moeurs & de bonne vie exemplaire, nommée ſoeur Iacqueline de Longueil, laquelle des vingt ans paſſé eſtoit percluſe de la moictié du corps, & en outre auoit perdu vn bras qui luy eſtoit inutille & tout mortifié, cauſe qu'elle eſtoit au lict en l'Infirmerie, & cet te Dame fut d'auis qu'on la portaſt iuſques à l'Egliſe, & la mit-on proche le ſepulchre auant qu'elle fuſt refermée, ainſi fut-il fait, elle pria qu'on luy mit ſon bras, dans le Coffre des ſaincts oſſemens, & y fut quelque minutte d'heure, peu à peu elle ſentit vn alegement par tout le corps donc elle donna deſmonſtration par la ioye exterieure en fin elle tira ſon bras ſein & guarit, toute l'aſſiſtãce qui glorifia Dieu des merites si euident de cette saincte Dame.

Vn Officier domestique du Roy S. Louys auoit son fils qui estoit pris du mal caduc, vient prier la saincte, & fut à l'instant guarit.

La Royne Marguerite veufue du bon Roy sainct Louis, voyant le Roy Philippe le Hardy son fils, estre grandement malade elle le fit mener à Long champ & le fit coucher aupres du tombeau de sa tante & apres vn card'heure il fut guarit.

Au mesme temps de Philippe le Hardy le Seruiteur de son Ausmonier, tomba en vne forte fieure chaude & sans esperance de guarison elle le voüa à la saincte, & vne chandelle ardante que on offrit à son Sepulchre, à l'instant fut guarit. & luy mesme fit son offrande à Longchamp.

Sœur Ode de S. Remis l'vne des premieres Religieuse enclose en l'Abbaye qui par l'espace de vingt ans, auoit esté morduë à vn des doig de la main, sãs pouuoir trouuer guarison, vn iour elle s'auisa de prendre de la terre de sa premiere Sepulture, & en mit à son doigt, & l'enuelopa auec du linge & incontinant il fut guarit.

Quand à frere Gille de Sailly qui auoit esté le Confesseur de saincte Isablel estant grandement malade & abondonné des meilleur Medecins de Paris, il se souuient que dans vne aumoire il y auoit vn couure-chef qui auoit autres fois seruy à la saincte il le mit sur sa teste, & aussi tost il fut guarie.

Il seroit trop enuieux de pouuoir raconter touts les Miracles qui se sont faits, tãt en sa vie qu'apres sa mort, & qui se font tous les iours, depuis deux mois ou enuiron, que Monseigneur l'Archeuesque de Paris, a fait ouurir son Sepulchre, & la grande cantitez de pauure affligé qui vôt de tous costé, principallement de la ville & fauxbourgs de Paris, & des bourgs & villages des enuirons, nous prirons Dieu que par l'intercesſions de sa bien heureuse seruante, la fleurs de nos Lys, & de ce grand Batiseur & Restaurateur de l'Eglise, Abbayee & Hospital, qu'il leur plaise d'interceder pour la sancté & prosperité de nostre grand Monarque, & de la Royne son espouse, Monseigneur son frere & Madamoiselle, & ce grand Prelatz, premier Ministre de l'Estat, & toute la Genereuse Noblesse, qu'il puissent si bien seruir la patrie, que nous autres pauures gens puissions viure en bonne paix. Ainsi soit-il.

FIN.

www.ingramcontent.com/pod-product-compliance
Lightning Source LLC
LaVergne TN
LVHW012021170826
845678LV00004BA/1587

* 9 7 8 2 3 2 9 6 3 5 2 5 5 *